Hersteller / Manufacturer (GPSR)
Storylution GmbH, Biberstraße 5, 1010 Vienna, Austria
E-Mail: story.one@story.one

Panti M. Baghbani

Weltschmerzmittel

1. Auflage 2022
© Panti M. Baghbani

Herstellung, Gestaltung und Konzeption:
Verlag story.one publishing - www.story.one
Eine Marke der Storylution GmbH

Gesetzt aus Minion Pro und Lato.
© Coverfoto: Adwerba Marketing Service GmbH, Shutterstock
© Illustrationen: Privat

Printed in the European Union.

ISBN: 978-3-99087-379-3

Jeder Inspo-Spruch ist cringy, wenn man
lange genug über ihn nachdenkt.
Mutters Wandtattoo

INHALT

Willkommen in meinem Mikrowellenpopcorn

Ja, hi, komm mit in meine Welt, nimm dir einen Stuhl oder setz dich besser gleich auf den Boden, ja, dort drüben geht, einfach da, wo Platz ist. Schmeiß deine Tasche ruhig irgendwohin. Ist sowieso ein bisschen chaotisch hier. Vorsicht, nicht über die Vollkommene Ehe stolpern – Bücher liegen hier überall herum. Sollte man mal wegpacken, also mit man meine ich mich, aber das klingt dann wieder so nach Zwang, also lassen wir das. Willkommen in meinem Leben, hieß so nicht ein Song von Sunrise Avenue oder doch Simple Plan? Passt beides nicht so gut. Irgendwo müssten hier noch CDs herumfliegen, zumindest gebrannte, vielleicht funktioniert die Stereoanlage noch, dann gibt es einen total passenden Soundtrack zu allem. So unfassbar relateable, wie dieser Song einfach mein ganz individuelles Lebensgefühl ausdrückt, so tiefgründig, so einfühlsam.

Jetzt können wir noch Mikrowellenpopcorn machen und Butter schmelzen, die man dann darüber kippen kann, weil der Fettgehalt von Mikrowellenpopcorn nie zufriedenstellend ist, also wirklich niemals. Und dann quatschen wir und mit wir meine ich schon wieder mich, was ich für ein krasses Leben führe, und mit krass meine ich total gewöhnlich, wobei ich hier alltägliche Sachen superromantisch verklären werde, um das Bild eines sehr authentischen, ein bisschen leidensfähigen, aber eben immer noch lebensbejahenden Menschen zu zeichnen. Also genau so, dass es gerade die richtige Mischung aus sensibel, humorvoll und selbstbewusst ergibt. Ich könnte zum Beispiel bei meinem Beruf anfangen, weil alle Menschen immer bei ihren Berufen anfangen, um sich selbst darzustellen, so als wären ihre Berufe kleine Blackboxes, in die sie ihren Charakter stopfen, dass, wenn sie sich irgendwann plötzlich nicht mehr fühlen, sie sofort wissen, wo sie das Protokoll zu ihren Leben finden können:

Ja, ich wusste schon als kleines Kind, dass ich für Zahntechnik geboren wurde, es erfüllt mich mit so viel Stolz, in die Münder fremder Menschen zu blicken, meine große Leidenschaft sind übrigens Backenzähne; tatsächlich ist es unglaublich, mit wie vielen Menschen man als Angestellte im Einzelhandel in Kontakt kommt, doch wirklich, ich liebe die Kundengespräche, seit zwanzig Jahren verkaufe ich Schreibwarenartikel, es gibt keinen Füllfederhalter, den ich nicht schon selbst ausprobiert hätte; das Beste an meiner Arbeit ist es, die verklebten Tische zu reinigen, das hat etwas Meditatives, da spüre ich mich selbst am besten, und wofür schwärmst du so?

Ich wüsste noch mehr neoliberale Märchen, aber das Popcorn ist verbrannt und die CDs zerkratzt, also lassen wir das.

Willkommen in meiner Welt, dieser spätkapitalistischen Klimakatastrophe, in der wir eher an unsichtbare Hände als an Fußabdrücke glauben. Komm halt mit, ich weiß auch nicht, wohin, hoffentlich ist es schön.

„Wo liegt fucking Kaltenbach?"

Protokoll des Scheiterns

Noch einmal kurz die Augen schließen, und die digitale Anzeige des billigen Discounter-Weckers ist von 9:12 auf 11:25 gesprungen. Ein Blinzeln, und aus einem möglicherweise produktiven Vormittag ist ein Morgen geworden, an dem man mal wieder viel zu lange schläft, es aber egal ist, weil man sowieso keine Erwartungen an sich selbst stellt und es auch sonst niemand tut. Trotzdem folgt der Hauch eines schlechten Gewissens aus dem Bett und hinein in den Ohrensessel, dem Ort zum Richtigwach-Werden, was nichts anderes bedeutet, als die nächste Stunde am Handy diverse Social-Media-Apps abwechselnd zu öffnen und zu schließen und so zu tun, als wäre dieser Vorgang für sich genommen nicht schon völlig bedeutungslos.

Comedian XY bekommt Rückendeckung von GenericWhiteDude in Causa sexueller Belästigung, manchmal liest man so Nachrichten und fühlt dabei fast gar nichts, aber der Tag ist trotzdem ein kleines bisschen dunkler geworden. Der Straßenlärm dringt durchs offene Fenster und erinnert mich daran, dass es abseits der Mattscheibe noch eine reale Welt gibt, und irgendwie ist mir warm, was schon komisch ist für Anfang Oktober, andererseits ist es ja auch schon fast Mittag, also doch mal Zeit, in Gang zu kommen, das Beste aus dem rauszuholen, was noch geht, du bist deines Glückes Schmied*in? Ich glaube nicht, dass ich das jemals gegendert gehört habe. Randnotiz: Google schlägt das Schmied-In vor, ein Pub in Kaltenbach – wo liegt fucking Kaltenbach?

Es ist irgendwas kurz vor 13 Uhr, als ich beschließe, Frühstück zu machen, am besten Rührei mit unverschämt viel Cheddar, weil ich gerade Foodporn auf Instagram gesehen habe und mir einbilde, dass das die Essenz von Glück ist.

Und während der Käse in der Pfanne anbrennt und das Ei zerläuft, stelle ich mir vor, einfach wegzugehen, wohin, weiß ich nicht, aber ich glaube, um das auch durchzuziehen, muss man entweder sehr entschlossen oder sehr unzufrieden sein, und weil ich beides nicht bin, brauche ich mich auch nicht auf so einen pseudospirituellen Selbstfindungstrip nach Sri Lanka begeben. Leute machen so was, um irgendwas über sich selbst herauszufinden, aber im Endeffekt schleppt man sich halt selbst die ganze Zeit mit und ich glaube nicht, dass man bis nach Bali reisen muss, um rauszufinden, dass man immer noch der gleiche Mensch ist, der verschläft, dem das Frühstück anbrennt, der inkonsequent gendert und das Ganze dann als Selfcare verbucht.

Außerdem gibt es auch genug Dinge, die man vor Ort tun kann, um sein Image zu ändern, also halt so was wie ein Tattoo, oder mit dem Rauchen anfangen oder aufhören, weil man jetzt sportlich ist, oder ein Haustier holen – wobei, nein, das geht nicht aus einer Laune heraus, das machen nur moralisch unterlegene Menschen – dann lieber einen Schallplatten-spieler kaufen und auf Plattenbörsen zu viel Geld für Sammlerstücke ausgeben, die man unbedingt besitzen muss, aber nicht braucht.

Mein Ei ist mit dem Teflon der Pfanne verschmolzen.

Ich google Kaltenbach.

Therapiestunde

Ich kann mich nicht zerreißen, auch wenn ich das möchte, ich möchte mich in Stücke fetzen, wenigstens in zwei identische, dann könnte ich auf zwei Hochzeiten trinken, und wenn ich nur ein Bein bin, fragt auch niemand, ob ich tanzen komme.

Ich möchte mich entzweien, überall und nirgends sein, mich von mir selbst trennen, denn ein Leben ist nicht genug und manchmal trotzdem zu viel.

Ich will die kleinen Risse spüren, die sich warnend auf Haut, Muskeln und Sehnen abzeichnen, wenn ich mich dupliziere und halbiere. Ich will wissen, ob es ein Geräusch macht, so wie Gelenke knacken, wenn man sie auseinanderzieht.

Denken Sie häufig an Selbstverstümmelung, unterbricht die Therapeutin, aber ich will keine Sie sein, sondern sie, ein kleiner Plural, der ein anderes Leben führt und diese Frau nicht kennt, die sich mit sich selbst auseinandersetzt und doch ein Ganzes bleibt.

Es geht ja nicht um Verstümmelung, sondern um Verteilung, und vier Schultern tragen mehr als zwei. Was ist das überhaupt für eine Therapeutin, die mich unterbricht, die den Gedankenstrom kappt, denken Sie häufig ans Zerbrechen, will ich fragen und mich seltsam mächtig fühlen, aber ich tu es nicht, weil ich mich nicht genug schämen könnte, um mich irgendwann nicht mehr dafür schämen zu müssen. Yolo toxic as fuck, höre ich mich denken und das trifft schon zu, denn mit yolo geht das ganze Dilemma ja überhaupt los.

Ich nicke, obwohl ich gar nicht mehr genau weiß, wozu, und als es mir wieder einfällt, schrumpfe ich in meine Lüge hinein, damit sie Wirklichkeit wird. Links von meinem Herz ist ein leerer Platz. Vielleicht wäre Scham doch die bessere Lösung gewesen. Ich wäre zwei sehr widersprüchliche Variationen von mir, glaube ich und frage mich, wer wohl beliebter wäre und wer mehr intrusive Gedanken hätte.

Mit diesen zehn Hacks zur Selbstoptimierung, sagt meine Therapeutin und verschreibt mir Spinat-Smoothies. Jetzt bin ich Popeye mit Knopfaugen.

Sie stehen nur mit sich selbst in Konkurrenz, emanzipieren Sie sich, holen Sie das Beste aus sich raus, den Rest lassen Sie zurück, lassen ihn fallen, er ist nichts wert, aber ich würde ihn gern mit meinem tätowierten Riesenarm auffangen und freilassen, bevor er hört, wie man von ihm spricht.

Er würde häufig eingeladen werden und braucht keine Lifestylegetränke. Er würde gehen und nie wiederkommen und auf vielen Hochzeiten tanzen. Ich ziehe an meiner Comicpfeife. Ein Leben reicht.

„#Sadfuckrunning"

Marathon

42,19 Kilometer, um das Leben infrage zu stellen. Es geht nicht ums Ankommen, es geht nur ums Laufen, geradeaus, davon, irgendwohin. Ohne Ziel gibt's keinen Stress, also kein Burnout, keine Nervenzusammenbrüche allein unter der Dusche, diesen fünf Minuten, in denen man sich selbst gegenüber zugeben kann, dass man verletzlich ist, so völlig nackt, wie man sich sonst halt fühlt, es aber unter schichtenweise Kleidung verbirgt, um mit einem Heulkrampf in der Straßenbahn kein öffentliches Ärgernis zu erregen.

Einfach die Beine bewegen, so lange, bis sie nicht mehr wollen, und trotzdem weitergehen, drübergehen, denn im Drübergehen sind wir gut, das tun wir ständig, die eigenen Bedürfnisse ignorieren, bis sie sich als Geschwür im Magen festsetzen und die Zeit unter der Dusche nicht mehr reicht, um sie restlos rauszulassen.

42,19 Kilometer, die man spürt, anders als die 50 Kilometer, die wir in der Woche zwischen Wohnung, Arbeit und Freizeit umherirren, immer müde, aber rastlos, die Beine tun weh, warum eigentlich, Sie haben Ihr heutiges Schrittziel erreicht, dabei ist noch nicht mal Mittag. Laufen, damit die Welt an mir vorbeiläuft, ich auslaufe, wie kleine Perlen auf diese undefinierbare Hautfarbe, die als Hülle immer absorbiert und niemals abperlen lässt. Hauptsache, alles mitnehmen, deine Angst, deinen Schmerz, ist jetzt alles auch meins, supergierig, fang mich doch, wir sehen uns im Ziel.

Wer zögert oder sich zuerst bewegt, verliert, eigentlich verlieren immer alle, das Spiel ist nicht zu schlagen, es ist jetzt kein Spaß mehr, sondern Ernst, ich mag nicht mehr mitmachen, ich laufe nur noch, dann vergeht die Zeit ganz anders. Obwohl die Hände frei sind, kann man nicht schreiben, vielleicht lernt man auf diese Weise, über Gefühle zu sprechen, oder man entfremdet sich von ihnen, bis man daran erinnert wird: Guten Tag, Ihre Periode startet in zwei Tagen, heute wäre ein schöner Nachmittag, um über die eigene Sterblichkeit nachzudenken.

42,19 Kilometer und es könnten die letzten sein, aber bevor ich das zu Ende denke, habe ich schon so eine Omastimme im Ohr: Kind, jetzt lies mal wieder ein gutes Buch, das ganze

Social-Media-Zeug macht dich nur depressiv, ganz so, als wäre meine schlechte Laune instagramabhängig, im echten Leben gibt's das gar nicht.

Elon Musk hat die erfunden und mit Hashtags versehen, er vertreibt sie jetzt als NFT, from Sadfuck to Cryptonaire. Gute Texte machen mich wütend, weil ich frustriert bin, dass sie nicht von mir sind. 42,19 Kilometer und ich bin ganz eindeutig mein größtes Problem. Hashtag Sadfuckrunning. Vielleicht verliere ich mich ja auf halber Strecke.

„Bisschen wie Bimsstein
für den Kopf."

Abwasch

Wann immer es mir nicht gut geht, wasche ich ab. Das klingt wie ein misogyner Hausfrauenwerbeslogan und ich hasse alles daran, aber schmutziges Geschirr ist einfacher und billiger erhältlich als ein Therapieplatz, vor allem, wenn man nicht mal die erste Hürde des Sich-darum-Kümmerns packt.

Haushalt muss man eben irgendwann packen, wenn man nicht versiffen will, und eine dreckige Küche ist so zuverlässig wie die Depression im Winter.

Aus ökologischer Sicht mache ich beim Abwaschen alles falsch, was man falsch machen kann. Also halt Wasser aufdrehen und volle Konzentration auf Wasserdruck und -temperatur. Löffel nicht im falschen Winkel drunter halten, sonst wird alles nass. Hallo, haben Sie heute Ängste? Sparen Sie sich ihre Tränen, wir duschen Sie zu Ihrem Ärger heute lauwarm mit dem billigen Discounterspüli.

In der Schule wäre das nicht passiert. In Hauswirtschaft, diesem Fach, das nach DDR-

Nostalgie klingt, durfte ich lernen, dass Wasser nur aufgedreht wird, um die zwei Spülbecken einmalig halbvoll laufen zu lassen, also genau so, dass im ersten Becken eine eklige Essensrestebrühe entstehen kann, wenn man die Teller eintunkt, und im zweiten dann die Lightvariante des Ganzen mit hoher Spülmittelkonzentration.

Dass eine Person, die über eine XL-Küchenzeile mit zwei Spülbecken verfügt, wahrscheinlich auch in Besitz einer Geschirrspülmaschine ist, wurde nicht näher erörtert. Die Drei kam in diesem Schulfach mit der Erkenntnis, definitiv niemals auf diese Weise abzuwaschen.

Essensreste sind widerlich. Negative Gedankenspiralen auch. Wenn man also nur lange genug im Topf mit dem Eingebrannten schrubbt, könnte man sich fast einbilden, dasselbe Treatment ein paar Etagen höher durchzuführen und den ganzen verdammten Dreck vom Hirn runterzukratzen, um zu sehen, ob es darunter noch glänzt. Bisschen wie Bimsstein für den Kopf.

Wenn alles sauber ist, kann man damit in der Badewanne sitzen und so tun, als hätte man Hornhaut, auch wenn man weiß, dass es in

Wirklichkeit nur die äußerste Hülle des Selbst ist, die man da versucht, wegzuradieren, weil Hornhaut nicht wehtut. Alles andere schon. Der Stein bleibt davon unberührt.

Mindfuck

Fuck, marry, kill, fragt meine Therapeutin und deutet auf die Werke von Hegel, Kant und Marx im Bücherregal hinter mir. Ich drehe den Kopf, obwohl ich schon gesehen habe, was sie meint, um ein wenig Zeit zu gewinnen, und wende ihn langsam wieder nach vorn wie eine Eule mit Brainfart. Die sind doch alle schon tot, gebe ich zu bedenken, weil ich echt nicht weiß, was ich sonst sagen soll.

Meine Therapeutin wartet und die Stille wird lang, sie hängt schwer in der Luft, als wollte sie Zeit und Raum überbrücken und drei alte weiße Männer aus ihren Gräbern rufen, damit sie sich zum Appell aufstellen können und ich über sie richte, 'cause this is thriller, thriller night. Ich schlage die Beine übereinander, eine Handlung, die mir das Gefühl gibt, meinen Körper wie ein Stück Papier zusammenzufalten. Jetzt kann ich ein Hut werden, wenn ich mich anstrenge. Mit ein bisschen Übung vielleicht eine Origamifigur.

Ich find die jetzt alle drei nicht sonderlich sexy, sage ich zögernd. Mit Karl Marx rummachen würde sich wahrscheinlich anfühlen, wie den Weihnachtsmann zu küssen, und das ist diese Art von Gedanken, die man Kindheitsfiguren nicht entgegenbringen will. An Heiligabend gibt es dieses Jahr die Produktionsmittel und reinen Tisch mit dem Bedränger. Frohes Fest.

Ich mag die heteronormative Grundannahme nicht, sage ich und bin unglaublich stolz auf mich, während ich mein linkes Bein noch ein bisschen mehr über mein rechtes ziehe. Entweder werde ich ein Papierkranich oder sinke mit einem Krampf zu Boden. All or nothing oder so, auch wenn ich wahrscheinlich eher aussehe, als müsste ich ganz dringend aufs Klo.

Also alle töten, diagnostiziert meine Therapeutin mit tonloser Stimme, macht sich gleichzeitig eine Notiz und der Kranich zerfällt mit stechendem Schmerz. Wo haben Sie noch mal promoviert, will ich fragen, aber jetzt hänge ich irgendwie auf halb acht vom Stuhl und fühle mich wie ein zerbeulter Zylinder. Das ist ein dummes Spiel, stelle ich fest und entwirre meine Beine, aber wer hat eigentlich gesagt, dass es ein Spiel ist?

Alle töten und du bist die männerhassende Kampflesbe. Mörderin, wirft meine Therapeutin ein. Alle ficken und du bist eine Hure, fahre ich fort. Nymphomanin, sagt sie. Aber wer benutzt dieses Wort noch? Ich gehe nicht darauf ein. Mit der verheirateten Hausfrau haben wir alle möglichen Rollen abgedeckt.

Das Patriarchat suckt, sagt meine Therapeutin und blickt nicht mal auf, weil sie immer noch auf eine Antwort wartet. Ich streiche die Falten aus meinen Gliedmaßen. Ficke stets so, dass du deine*n Partner*in jederzeit zugleich als Zweck, nicht bloß als Mittel brauchst.

Also Kant, fragt meine Therapeutin und ich schüttle den Kopf. Alles anzünden, sage ich.

Hast du mal Feuer?

„Du bist Chuck Norris,
es sei denn du kannst Batman sein."

Herzgepopel

Hör auf dein Herz, sagen sie und meinen dieses widersprüchliche Konzept von Selbstverwirklichung, die allen Ansprüchen gerecht wird, aber eben aus dir herauskommt. Like du hast diesen inneren Antrieb, die Erwartungen, die an dich gestellt werden, zu erfüllen, aber dabei halt noch voll du selbst zu sein. Passt schon, Burnout kriegt Burnout, wenn es versucht ‚dich auszubrennen. Du bist Chuck Norris, es sei denn, du kannst Batman sein. Dann sei beide, mutiere zum reichen, weißen Mann, aber sei vor allem du selbst.

Das ist der erste Pokal von hoffentlich vielen, den du mit sechs nach Hause bringst. Der erste, als wäre er für sich genommen weniger wert. Hallo liebe Mamas und Papas und Sorgeberechtigte und all ihr Arschlöcher aus der Werbung, die ihr den kapitalistischen Leistungsgedanken nach zwanzig, dreißig Jahren vollständig absorbiert habt und als wuchernden Parasiten unter eurer Haut, jung geblieben, faltenfrei, tragt.

Sammelt Pokale, um euch daraus mit Wodka-Energy zu betrinken, dann hat das Schrottmetall wenigstens irgendeinen Mehrwert, für die Kinder ist es noch nicht zu spät, vielleicht müllen die ihre Wohnung weniger mit Erfolgsversprechen und gescheiterten Existenzen zu.

Sei du selbst und bastle was Schönes. Mach es sinnlos kaputt und bastle was Hässliches. Male abstrakt, singe wie ein gequälter Hund, es ist scheißegal.

Bring Teilnehmer*innenurkunden nach Hause, bring überhaupt keine Urkunden nach Hause, Urkunden sind Papierverschwendung, du weißt, dass du dabei warst. Sei dabei, sei nicht dabei, verkriech dich, es ist okay.

Sei unfassbar schlecht in dem, was du tust, scheitere, wiederhole deine Fehler. Mach miese Fotos, wo die Köpfe abgeschnitten sind, schreibe Gedichte, die niemand lesen will, schreibe Geschichten, die nicht mal deine Mama lesen möchte. Hauptsache, es macht Spaß.

Mach das beste Abitur im Jahrgang, um sinnlos eine Geisteswissenschaft zu studieren. Enttäusche Erwartungen. Brich das Studium ab.

Enttäusche deine Eltern. Brich Herzen, bevor sie deines brechen, dann kannst du überhaupt nicht mehr darauf hören.

Am Ende zählt nämlich nicht, wie viele Pokale es geworden sind, sondern wie sehr du dabei nun wirklich du selbst warst. Also mit allen Unzulänglichkeiten und Fehlern und so, weil wir vielleicht alle ziemlich super darin sind, souverän zu wirken, aber in Wahrheit immer dann, wenn niemand schaut, halt auch nur gelangweilt in der Nase popeln und uns permanent fragen, ob das eigentlich alle so machen.

Die Antwort ist ja. Vielleicht können wir jetzt damit aufhören.

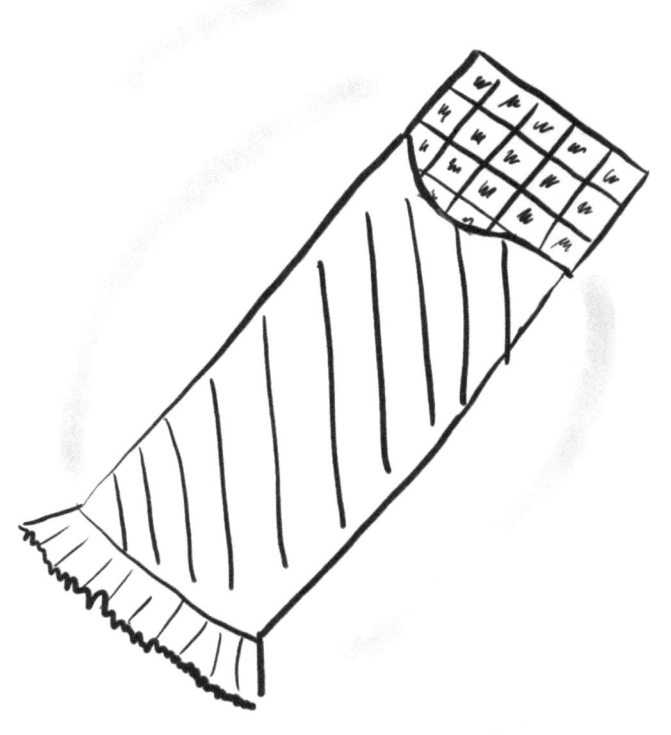

Weltschmerzmittel

Manchmal bin ich selbst der Abgrund, in den man nicht hineinsehen kann, weil es einen schwindelt und das Nichts zurückstarrt. Das sind die Tage, an denen ich die Kopfhörer beim Einkaufen nicht abnehme, weil es dann sehr wichtig für mich ist, mit Soundtrack zum Leben jenen Salatkopf auszuwählen, den ich wenig später zur gleichen Hintergrundmusik mechanisch in kleine Blättchen schneide.

Dabei ist es, als würde ich auf mich selbst schauen, mit einer seltsamen Mischung aus Belustigung und Anteilnahme, denn eigentlich geht es bei dem Song in Dauerschleife ja meist wirklich nur um eine Strophe oder eine Stelle, die ganz besonders toll ist und für die man sich dann die restlichen vier Minuten halt dazugibt, denn mit feuchten Salatschnippelfingern ist das ständige Zurückspulen auch irgendwie doof.

An solchen Tagen fühle ich mich immer so verletzlich und emotional, so als würde ich direkt mein Herz auf den Ohren tragen und als könnten das alle sehen.

Zum Beispiel der Mann im Supermarkt, der auf mich zukommt, während ich gerade überlege, ob es die vegetarischen oder veganen Burger-Patties sein sollen. Ich sehe, wie sich sein Mund zu melodramatischen Metalcoresongfetzen bewegt, und denke mir, dass es irgendwie megalustig wäre, wenn das wirklich passieren würde, bin aber gleichzeitig extrem erschrocken über den Fakt, dass er tatsächlich mit mir spricht und erklärt, dass mein Einkaufswagen sein Einkaufswagen ist.

Ja, klar. Nimm dir, Brudi. Alles deins. Me Einkaufswagen es tu Einkaufswagen. Kommunismus und so, alle Menschen werden Brüder, Freude schöner – ach Scheiße, ich laufe seit dem Gemüseregal mit dem falschen Einkaufswagen herum.

Ich bin die Hand, die man als Kind gegriffen hat, um hinterher erschrocken festzustellen, dass sie gar nicht zu Mama gehört hat. Dabei wollte ich seinen Paprika nie entführen.

Manchmal bin ich so sehr ich selbst, dass es wehtut, und mit gesenkter Birne schleiche ich weiter durch die Gänge, jetzt ohne Soundtrack, weil es für versehentliche Einkaufsentführungen sowieso keine passenden Lieder gibt. Überhaupt verliert Weltschmerz sehr schnell seinen Charme, wenn man sich der eigenen Lächerlichkeit bewusst wird.

Ich glaube nicht, dass wir auf diese Welt ausreichend vorbereitet wurden. Das lässt sich jetzt aber auch nicht mehr ändern und weil ich erwachsen bin, nehme ich einen Schokoriegel aus dem Regal für Impulskäufe und lege ihn aufs Band.

„Die Jugend von heute, das sagt
sich ganz leicht, wenn man zur
Jugend von gestern oder vorgestern
verkommen ist."

Marmeladenglasmoment

Freude schenken, sagt die Werbung und schlägt dazu tausend mehr oder weniger einfallslose Produkte vor, die das kühne Versprechen einlösen sollen und, wenn wir ehrlich sind, alle nicht nach besonders viel Spaß aussehen.

Wenn ich kurz vor Weihnachten aus dem Zug steige, habe ich hoffentlich trotzdem etwas gefunden, das als kleines Päckchen im Koffer mitreisen darf. Immerhin kannst du inzwischen lesen und das Geschenk unter dem Weihnachtsbaum anhand deines Namens identifizieren, weil knallbuntes Kinderpapier noch nicht aussagekräftig genug ist. Eventuell ein falscher, ominöser Absender: das Christkind, dein Wichtel, der Weihnachtsmann – an Heiligabend wollen wir alle jemand anders sein.

Ist auch nicht so wichtig, denn am Ende des 24. Tages zählt nur, was nach dem „Für" kommt, und da steht „Saiman", mit zwei A, auch wenn alle, denen du dich vorstellst, an die englische Aussprache von Simon denken und es unterschlagen oder krümmen wollen. Irgendwann wird dir dieses Muster auffallen und du wirst dich darüber wundern. Im Augenblick ist es nur ein Kuriosum.

Ich weiß noch nicht, was ich dir schenken möchte, weil ich dich zu selten sehe und deine Launen nicht kenne. Was im letzten Sommer cool war, ist es bis Weihnachten schon lange nicht mehr.

Papa sagt, du kannst dich nicht genug für Dinge begeistern. Ihm würde es gefallen, wenn du mehr Spaß am Klavier- oder Fußballspielen finden würdest, als hätte er vergessen, dass er auch mal ein kleiner Junge mit einem eigenen Kopf war und sich Begeisterung nicht aufzwingen lässt. Die Jugend von heute, das sagt sich ganz leicht, wenn man zur Jugend von gestern oder vorgestern verkommen ist, die vor dem mittelgut sortierten Regal der Spielwarenabteilung steht und sich von Glubschplüschis anstarren lässt.

Das Glitzern in den regenbogenfarbenen Augen wie eine manische Parodie auf deine echte Lebensfreude, als du zum ersten Mal so ein Plüschtier in der Hand gehalten hast. Das ist auch schon wieder ein paar Jahre her, aber deine Augen besitzen noch immer ihre klare Tiefe in unbedingter Erwartung des Guten und ich würde dieses Gefühl in dir so gerne in einem leeren Marmeladenglas konservieren, damit du es entgegen der Unvermeidlichkeit des Erwachsenwerdens für immer behalten kannst.

Ich verliere den Starrwettbewerb gegen den Einhornlöwen und lege ihn in den Einkaufskorb, aber es ist nicht so wichtig, Hauptsache, wir können über ihn lachen.

Denn vielleicht wirst du ja irgendwann einmal nachts wach liegen und über das Leben nachgrübeln und plötzlich an dieses bescheuerte Weihnachtsgeschenk denken müssen und an die vielen anderen Weihnachtstage und Nichtweihnachtstage, die als Erinnerung in Einmachgläsern stecken. Und vielleicht wirst du dabei sogar lächeln.

„Gut würde erst mal reichen."

Tinnitus

Das neue Jahr ist nun fast eine Woche alt, doch es rührt sich nicht und ich möchte es mit einem Stecken antippen, um zu checken, ob's eh noch lebt. Verändert hat sich nämlich eigentlich nichts, außer dass dieses irrationale Excitement verflogen ist, das man zum Jahreswechsel empfindet, weil man daran glauben will, dass im neuen Jahr alles besser wird.

Vielleicht liegt das an den unrealistischen Vorsätzen zur Selbstoptimierung, new year, new me, die Karten werden neu verteilt und am Neujahrstag, wenn diese eigentümliche Stille der Ausnüchterung in der Luft liegt und sich die Welt wie durch Watte bewegt, ist man kurz sogar überzeugt, dass sich jetzt irgendetwas großartig verändern lässt, wenn man nur will.

Mit der ersten Therapiestunde verschwindet das Gefühl zum Glück wieder und unterm Strich ist es einfach ganz genau so wie vorher, nur dass man sich anfangs immer vertut, wenn man das aktuelle Datum irgendwo hinschreiben muss, aber nach einer Woche hat man das dann auch drauf. Was bleibt, ist ein weiteres verkorkstes Silvester und Tinnitus, irgendwann ist beides wahrscheinlich chronisch. Vielleicht ist es auch einfach ein bisschen viel verlangt, direkt die beste Version von sich selbst sein zu wollen, wenn man die übrigen Tage im Jahr damit strugglet, überhaupt auch nur gut zu sein.

Glaubst du, dass du keine Liebe verdienst, fragt meine Therapeutin, streckt ihre Hand aus und sieht kurz aus, als wollte sie ungebeten meine Haare anfassen, was sogar für sie eine neue Dimension der Grenzüberschreitung wäre. Sie greift aber nur nach dem Glas Wasser und ich bin irgendwie enttäuscht, weil ich das Gefühl fremder Hände im Haar insgeheim mag.

Meine Augen suchen Halt und finden ihn beim Wandkalender, laut dem noch immer Dezember ist. Das neue Jahr stellt sich weiter tot und vielleicht ist es noch nicht zu spät für ein paar Vorsätze. So was wie weniger intrusive Gedankenspiele und mehr Therapiestunden schwänzen. Ich könnte jeden Tag einen Text schreiben für subtiles Attention-Whoring. Vielleicht werde ich dadurch interessanter als ein halbleeres Glas Wasser.

Wie verzweifelt bist du eigentlich, fragt meine Therapeutin oder mein Gewissen, ich bin mir nicht sicher, die Stimmen verschmelzen mit dem Piepen im Ohr. Ich antworte beiden nicht, weil verliebt zu sein suckt, es ist wie eine kaputte Klingel, die zu fest gedrückt wurde und jetzt permanent läutet. Man kann das Gebimmel nicht ignorieren, nicht schlafen, sich nicht konzentrieren und irgendwer hat die Tür verrammelt, als wäre das Haus ein Hochsicherheitstrakt.

Mit Schmerz ist das übrigens genauso, wirft meine Therapeutin schulterzuckend ein und dreht sich eine Tüte. Aber irgendwann wird's besser.

Süßlicher Rauch dringt in meine Nase. Gut, sage ich. Würde erst mal reichen.

„Oberschicht, Baby."

Verfickte Selbstverwirklichung

Werde ein scheißschöner Schmetterling, they said. It will be fun, they said, aber niemand hat was über den verfickten Kokon gesagt. Man muss sich schon ziemlich gut leiden können, um so lange mit sich allein zu sein, ich glaube, da würde jede bekloppt werden, denn bei Selbstliebe kacken wir alle so insgesamt ein bisschen ab.

Dann sitzt man da also, gefangen in sich selbst mit der gleichen beschissenen Erwartungshaltung, die einem schon das ganze Leben entgegengebracht wird, denn jetzt ist es endlich an der Zeit, erwachsen zu werden und Träume zu verwirklichen, was in Wahrheit nichts anderes heißt, als allein im Dunkeln zu grübeln, ob wir das, was wir einander erzählen, eigentlich wirklich auch selbst glauben.

Jaja, am Ende wird sich das alles schon bezahlt machen, wer rastet, rostet, das Glück ist mit den Fleißigen, wer schön sein will, muss leiden, Oral-B für strahlend weiße Zähne, außer man muss kotzen.

Wir teilen die Welt ganz einfach in zwei Gruppen, die Guten und die Schlechten. Die Guten sind schön, die Schlechten sind hässlich. Die Guten sind Schmetterlinge, die Schlechten sind Raupen, aber mit ein bisschen Anstrengung kann es eh jeder schaffen, sich von seiner selbstgewählten Unschönheit zu befreien, ich glaube, das hat mal ein Philosoph gesagt.

Allein das Wort Raupe klingt wie die Personifizierung der Farbe Grau und jede, die jetzt einwendet, dass Grau nicht mal eine Farbe ist, hat eben absolut recht, das ist ja der Punkt.

Wie soll man eigentlich stolz auf sich sein, wenn die ganze Welt immer nur aufzeigt, wie viel mehr man sein könnte? Ja, vielleicht könnte ich ein bekackter Schmetterling sein, aber vielleicht habe ich auch einfach keine Lust, mich bis an die Grenze zum Selbsthass mit dem zu befassen, was ich alles sein könnte, anstatt mal für einen kurzen Moment anzuerkennen, was ich bereits bin. Und vielleicht würde es sehr viele mehr geben, die auf ihre Metamorphose zum Glück verzichten würden, wenn wir häufiger von süßen Babyschwänen und seltener von hässlichen Entlein reden würden.

Aber es gibt keine Obergrenze für Selbstoptimierung, sie ist der Weg, nicht das Ziel – noch ein beschissenes Sprichwort –, und ein wunderschöner Schmetterling zu werden ist ja gerade mal der erste Schritt. Als Belohnung kann man dann auf die ganzen dreckigen, kleinen Raupen runterblicken, bisschen Bodyshaming betreiben, wenn sie Trash fressen und ihre Leben hart verkacken. Darüber kann man sich jedes Mal ein Loch in den Bauch freuen und sich überlegen fühlen oder wahlweise Mitleid haben, wahrscheinlich eine eklige Mischung aus beidem. Wenn man sich über die ganze Verachtung kurz selbst nicht mehr fühlt, dann ist es eine tolle Ablenkung, mit den Flügelchen zu klimpern und zu sehen, wie nice das Sonnenlicht durchfällt, Oberschicht, Baby.

Es ist immer noch dunkel und ich glaube, wenn ich eine Raupe wäre, würde mich das Leben ganz schön ankotzen.

„Ich mag Züge.“

Das Herz schweigt

Ich liege im Gleisbett und höre den Schienen zu, wie sie vibrieren, ein leises Wummern, Vorbote eines Zuges, sich nähernd oder entfernend, wer weiß das schon. Ein paar Kilometer entfernt rast er durch den Schacht, ein stählerner Wurm, ich frage mich, wie viel lauter die Vibration wird, bevor ich die ersten Lichter sehe, Scheinwerfer wie strahlende Augen, vor Schreck weit aufgerissen, rasch an Größe zunehmend, das Vibrieren ein Crescendo von unter meinem Kopf.

Dann ist die Stille endlich nicht mehr zu hören, die ich in den U-Bahnschacht mitgenommen habe, die sich über mich legt und kaum vom Fauchen des Zippos unterbrochen werden kann, als ich mir die dritte Zigarette anzünde und dem Rauch dabei zusehe, wie er sich in der Finsternis ausbreitet und langsam weiterzieht durch die unterirdischen Adern der Stadt, in denen ich mich wie ein Fremdkörper eingenistet habe.

Abgestandene Luft dringt in meine Nase, es riecht nach Gummi und nach etwas, das an

Kohle erinnert, verbrannten Graphitstaub und diesen kühlen Dunst aus der Tiefe, den ich nie näher benennen konnte. Meine Augen haben sich an das fahle Licht gewöhnt, das von der Notrufstelle ein paar hundert Meter entfernt herrührt, sodass ich die Umrisse der Mäuse jetzt sehen kann, die geschäftig die Gleise entlanglaufen, ganz so, als müssten sie dringend irgendwohin, anderswo sein, verschwinden.

Sie rennen mit der Rushhour, den Zügen, den Menschen, den tausend Elektronen, die breiten Stromkabel entlangrasend, mit meinem Herz, das schon lange nicht mehr in meiner Brust wohnt, das auch rastlos geworden ist, im Tempo der Impulse Leitungen entlangjagt und nur Schweigen hinterlassen hat, das keine Fragen stellt, aber auch keine Antworten gibt.

Ich ziehe an meiner Zigarette und die Welt hundert Meter über mir zieht an mir vorbei, während ich an tausend Dinge denke, die ich nicht sein möchte, zum Beispiel alt oder schmerzfrei.

Die Mäuse zerren das Hamsterrad aus seiner Fassung, aber meine Ambitionen suchen nach ihrem Ziel, während das Pochen der heranrauschenden U-Bahn auf meinen Brustkorb überspringt und ihn ausfüllt, in ihm summt.

Ich finde keine Stimme, aber meine Stimme findet mich, im U-Bahnschacht fehlt die Orientierung, weil es nur vorwärts- oder zurückgeht, und letztlich im Kreis, dann ist beides dasselbe und das ist der ganze Widerspruch. Als ich aufstehe, bringt mich der Witz einer gesamten Generation zum Lachen, weil er niemals wirklich lustig war. Ich mag Züge.

„Fünf heiße Therapeut*innen in deiner Nähe, nur drei Kilometer entfernt."

Uh no

Es ist nur schlimm, wenn man darüber nachdenkt, überlegte sich der Karpfen und biss herzhaft in den Köder, ehe der gebogene Angelhaken seinen Gaumen durchbohrte.

Egal, was soll's, in einem Jahr tut's nicht mehr weh, aber wer sind wir schon in einem Jahr, vielleicht gar nicht mehr da, uns selbst vielleicht völlig fremd. Einfach schwimmen geht nicht, wenn der Oberkiefer aufgespießt ist.

Mach mal Ah, sagt meine Therapeutin und bringt ihr Gesicht vor meines, sie ist jetzt auch Zahnärztin, dabei glaube ich, sie will mir nur nah sein. Kein Loch im Gaumen, dafür eventuell am hintersten linken Backenzahn, stellt sie fest und zum ersten Mal in meinem Leben wünsche ich mir ein Zungenpiercing, damit meine Mundhöhle interessanter wirkt.

Vielleicht kann mich damit auch jemand aus dem Elend ziehen, wenn ich eine Angelschnur daran befestige. Mit einer Geste, die das We-Can-Do-It-Porpagandaplakat nachahmt, gibt meine Therapeutin zu verstehen, dass sich Münchhausen selbst aus dem Sumpf ziehen konnte, dabei hat er gelogen und sie ist mir manchmal ein wenig peinlich. Bei Tinder würde ich sie vermutlich nach links swipen. Ich überlege, mein Handy aus der Tasche zu ziehen und noch vor Ablauf der Sitzung nach anderen Praxen zu googeln.

Fünf heiße Therapeut*innen in deiner Nähe, nur drei Kilometer entfernt, warten auf deine Daddy Issues, hey Baby, i want the D-epression of yours.

Ein Loch im Kopf wäre lustig, damit unpassend sexuelle Gedanken durch die Hintertür verschwinden können, bevor man dem Blick der anderen Person standhalten muss.

Das kann sich nur jemand mit intakter Schädeldecke wünschen, unterbricht meine Therapeutin und ich überlege peinlich berührt, wie viel von dem, was ich mir in den letzten fünf Sekunden vorgestellt habe, sie noch gehört hat. Genug, antwortet sie ungefragt. Aber wir sind beide erwachsen und können Elefanten in Fünf-Quadratmeter-Zimmern selbst dann ignorieren, wenn sie rosa sind und Mambo No.

5 trompeten. Ich rutsche auf meinem kleinen Plastiksessel befangen von einer Pobacke zur anderen und gebe ein unglaublich beschämtes Bild ab, aber bilde mir ein, auf diese Weise meine Ärmel unauffällig schütteln zu können. Statt Assen fallen jedoch nur Uno-Reverse-Karten heraus.

Wenn du ein Zungenpiercing hättest, würde ich die Angel rausholen, raunt der Elefant und zwinkert. Mein Magen legt den Schleudergang ein. Manche Verschmutzungen sind selbst für Waschmaschinen zu viel.

Meine Therapeutin lächelt nachsichtig. Es ist nur schlimm, wenn man darüber nachdenkt.

Geständnisse auf Haftnotizen

Mein gesamtes Sein passt auf einen Post-it Block, den ich nicht beschriften kann, weil ich nicht weiß, welche Aspekte eigentlich dazugehören.

Ich bin keine objektive Wahrheit, sondern vor allem Zweifel und verteile Haftnotizen in meinem Leben, damit eine Ordnung entsteht, an die ich glaube.

Gegenwart ist immer, Erinnerung nicht echt, nur im Kopf, aber was ist schon real, und man zehrt ja trotzdem davon.

Ich speichere Glück und sammle Humor, trockne und zerstampfe ihn, damit er in die kleine goldene Tabakdose passt und ich ihn einatmen kann, wenn die Wolken in meinem Kopf hängen und ein Gewitter aufzieht.

Ich bin sentimental, ein bisschen zu sehr, in meinem Herzen ist immer Spätsommer und es prügelt mich mit jedem Schlag weiter, von einer Heimat zur nächsten.

Leere Koffer fragen, wer ich morgen bin, und ich schreibe „Große Erwartungen" auf kleine Zettel und lege sie hinein. Am Ende bleiben viele Notizen und wenig Inhalt.

Mein Zögern ist eine hingebungsvolle Ode ans Zuspätkommen, aber wenn's unwichtig ist, bin ich auch mal pünktlich.

Ich habe keine Angst zu scheitern, nur gescheitert zu sein. Deswegen liege ich auch am Boden und wenn du mich liest, dann siehst du durch mich hindurch, bin ich transparent.

Interaktion konstruiert Identität und ich ziehe heimlich an Zigaretten und mich öffentlich aus, aber es sieht niemand hin, weil ich nur peinlich, nicht zärtlich berühre.

Wir überbieten uns selbst an Lächerlichkeit, aber das wird einem meistens erst hinterher bewusst, wenn man beim Aufräumen den Staub aufwischt, den die großen Gefühle hinterlassen haben, und dabei schon wieder Platz macht für die nächsten pathetischen Empfindungen.

Trotzdem würde ich dich gern vorsichtig in die Hände nehmen, doch sie sind zu klein, als dass sie alle diese Widersprüche halten könnten, und ich öffne sie und lasse Licht in den winzigen Raum, den sie formen, diesen Ort jenseits der Ordnung.

Freiheit ist drinnen und draußen die Welt. Mehr Liebe fällt mir nicht ein.

Winner

PANTI M. BAGHBANI

Panti M. Baghbani wurde in einem kleinen Dorf nahe Peine geboren. Im Alter von drei Jahren gelang es ihr erstmals, ihre bunte Babykleidung (zwei Strampler, eine Kappe, fünf Socken) selbst zu reinigen. Ihr milchzahniges Grinsen erlangte in der Folge weltweite Popularität. Mit sieben Jahren führte sie ein unabhängiges Unternehmen in der Uckermark, das Jahre später in Verruf geriet, als es in einschlägigen Dokumenten angeführt wurde. Die Vorwürfe der Veruntreuung und Geldwäsche führten dazu, dass sie sich gänzlich aus der Öffentlichkeit zurückzog. 2020 erwarb ein bekannter Streaminganbieter die Exklusivrechte für ein Biopic. Die Miniserie wird für Frühjahr 2023 erwartet. Manchmal lügt sie. Aber den Young Storyteller Award 2022 hat sie wirklich gewonnen.

Panti M. Baghbani schreibt auf
www.story.one

Hey, hat dir das Buch gefallen - willst
du auch eines schreiben?

www.story.one

Zeitfracht Medien GmbH
Ferdinand-Jühlke-Straße 7
99095 Erfurt, Deutschland
produktsicherheit@kolibri360.de